어둘 무렵이면 내가 보인다

김은규 시집

우리글

어둘 무렵이면 내가 보인다

자서 自序

인생의 뒤켠에
깊숙이 뿌리 내린 그늘을 알아차린 이후
내 삶의 스펙트럼은 어둠 쪽으로 기울었다.
절망도 에너지가 될 수 있는 것이어서
제 눈물로 해갈하며
제 그림자 아래 안식하며
지금까지 버티어 왔다.
이제는 벗어나고 싶다.
그간의 집착에 아퀴를 짓고
실낱 같은 빛살도 무지개로 펼쳐 보이는
생의 프리즘을 새로이 갖고 싶다.

2005년 겨울
김은규

차례

자서 … 5

드라이플라워 … 13
그게 같은 얘기일까요 … 14
사랑 … 15
항아리 뚜껑 속의 우주 … 16
반전反轉 … 17
손잡이 … 18
너도 그곳이 그립더냐 … 20
하늘을 나는 비닐봉지 … 22
어느 개인 날 … 24
영정으로 앉아 … 26
침묵의 숲가에서 · 1 … 28
틈새를 건너듯 … 30
폭설 … 32
감출 수 없습디다 … 34
침묵의 숲가에서 · 2 … 36
어둘 무렵이면 내가 보인다 … 38
풍리 가는 날 … 40

아주 잠시, 반짝인 것들이 … 42

이를 어쩌나요 … 44

봄 · 1 … 46

봄 · 2 … 48

봄 · 3 … 49

신발 · 1 … 50

신발 · 2 … 52

그믐달 … 54

옛 강에서 … 55

이사 … 56

달밤 · 1 … 58

아이러니 … 59

할미꽃 … 60

달밤 · 2 … 61

봄빛 … 62

참을 수 없는 … 64

봄의 정거장을 지나며 … 66

갑자기 내리는 비 · 1 … 68

비 온 뒤 … 70

갑자기 내리는 비 · 2 … 72

귀가길 … 74

에스컬레이터를 오르며 … 76

별에 대한 오해 · 1 … 77

8층에서 내려다보이는 어떤 그늘에 대하여 … 78

한여름 밤의 강 … 80

어디쯤을 떠도는 … 82

나는 그대를 사랑합니다 … 84

별에 대한 오해 · 2 … 86

예행연습 … 87

저 꽃나무 같기만 … 88

꽃들은 왜 지는 것일까 … 90

그 바다의 달밤 … 91

벼랑 끝에 서다 … 92

봄밤 · 1 … 94

봄밤 · 2 … 95

비록 그러할지라도 … 96

낙과 … 97

새벽 강으로 … 98

달밤 · 3 … 100

그늘진 바다 … 101

저런 이별이라니요 … 102

어떤 항아리 … 103

가을 … 104

문 앞에서 … 106

빈 주머니에 손을 넣고 … 108

커피 잔 속의 우주 … 110

길 잃은 박쥐 … 112

침묵의 숲가에서 · 3 … 114

가벼운 신 … 116

햇살 속에서 … 118

소리치는 눈 … 120

겨울나무 … 122

젖은 장작을 태우며 … 124

꿈꾸는 환승역 … 126

길 없음에 대하여 … 128

해설
결핍과 부재를 치유하는 연민의 노래 | 임보 | … 131

어둘 무렵이면 내가 보인다

드라이플라워

영원과 허무가 간음하여 낳은,
붙박인 무명無明의 길목에서
빛 낡은 화두로 버티고 있는,
달빛 들이치는 밤이면
환각지*인 양 거세된 뿌리 어디쯤
새움 틔우는 소리
들리는 듯 귀 세워보는,
제 이름이며 꽃말
마저 잊지 않으려
희미한 기억을 바스락거려보는,

수의빛 칠삭둥이 — 인생

*환각지幻覺肢 : 수술이나 사고로 갑자기 수족이 절단되었을 경우, 없어진 수족이 생생히 존재하는 것처럼 느껴지는 일.

그게 같은 얘기일까요

화단을 정리하다 보았습니다
커다란 돌짝에 깔린
싹 한 촉,
노랗게 질린 낯빛이며
여린 줄기 이리저리 구부러지고 비틀린 모양이
안간힘으로 길을 찾아 헤맸던가 봅니다
미처 펴지 못한 이파리 한 쌍
땅의 손길 뿌리치고 날아오르려다 만
날개처럼 보입니다
무중력의 우주정거장에서 키웠다는 어떤 풀과
꼭, 닮아 있습니다
짓누르는 돌짝도 없고
발목 잡아끄는 땅의 힘도 없는
무애無碍의 공간에서
그 역시
이리저리 대궁을 구부러뜨리고 있었습니다
길을 찾지 못해 비틀거리고 있었습니다

삶의 지나친 무게 있음과 무게 없음이
같은 얘기일까요

사랑

지난 밤 멀리멀리 갔더랬지요
그대는 아시지요
나 가진 것 마음 하나뿐임을, 달빛에 녹고
바람이 삭여낸 허술한 마음 하나뿐임을 아시지요
멀리멀리 꿈속까지 걸어간 밤이면, 기인 밤 내내
그늘진 힘은 중심으로 뿌리를 내리고
가슴으로 허리로 감아 도는 허무의 덩굴손
뼛속 깊이 파고드는 죽음의 서리, 그대여
걷어내고 돌아와야 합니다 아무렇지도 않은 얼굴로
눈을 뜨고 일어나야 합니다 아무렇지도 않은 얼굴로
일어나 아침을 맞이하는 일이 힘들 때
그대일 테지요
무덤 위의 흙처럼 나를 둘러쌓은 어둠을
먼저 허물어내는 이는
온몸을 휘젓고 다닌 차가운 피를
먼저 덥혀주는 이는
속눈썹에 맺혀오는 생그러운 햇살
그대일 테지요
그대일 테지요

항아리 뚜껑 속의 우주

결국은 하나다
옹벽甕壁 가득 발을 끌며 지나간 흔적들
때로는 낯익고 때로는 낯설기도 하지만
결국은 제 발자국이다
지구의 무게인 양 등껍질 짊어진 채
제 발자국 짚고 또 짚으며 가파르게 돌아가는
어질머리
초록빛 물이끼를 향한 한입꺼리 꿈은 집요하다

가끔은 절망한다
바닥 깊이 침전하여 주검을 연습한다
가끔은 우러른다
등껍질 쪽배 삼아* 유유자적 신의 하늘을 넘겨다본다
바람도 없이 흔들리는,
물풀 두엇 수반 삼아 띄워놓은 항아리 뚜껑 속
우렁이의 우주
뜬구름인 양 흘러들어 함께 흔들리는 내 얼굴

*우렁이는 배영을 하는 습성이 있다. 거꾸로 누워 수면에 꽃잎처럼 활짝 펼친 발바닥을 하느작거리며 헤엄치는 것이다.

반전反轉

아파트 이지러진 마당귀
저 굽은 허리 까칠한 잎새의
늙은 나무
뿌리 끝에 매달린
땅 덩어리
가까스로 추스르며 서 있더니
바람 세찬 오늘
풀빛 향기,
자욱이 틀어 올리고 있다
가지마다 불끈,
하늘을 거머쥐고
용틀임하고 있다
아파트 빛 낡은 지붕 위로
신의 갈채인 양 밀려오는
흰 구름 떼,

손잡이
— 전철역 · 1

너와 헤어져 돌아가는 중이다
추스려도 생각은 자꾸 비틀거리고
저 밖
덩굴장미 철없이 늘어뜨린 가지들
울타리 여윈 어깨가 떠받치고 선 길 어디쯤
기댈 곳 없는 그림자 길게 끌며 걸어가는
네 모습이 보인다
가파른 숨결을 쏟아내며 전철은 달리고
차창 밖 허공을 어둑히 흔들리고 있는
저 손잡이들,
나는 문득 소스라친다
때로는 삶도 손잡이 같은 것이 아닐까
지친 가슴으로 기대오는 너 아니면
흔들림도 부질없는 몸짓에 불과한,
너의 무게 얼마쯤 건네받아
잠시 흔들림을 멈추고 싶은, 잊고 싶은,
저 손잡이 같은 게 아닐까
간단없이 허공을 두드리는
가끔은 느닷없는 요동이 당혹스러운

손잡이를 잡는다
너를, 나를,
그 막막한 흔들림을 잠시, 고정시킨다

너도 그곳이 그립더냐

어느새 틔웠느냐
나팔꽃 잎새 한 쌍,
지난겨울 귀 깨진 화분 마르고 갑갑한 잠 한 귀퉁이에
고단한 꿈 접어 내리더니
베란다 창살 너머 겹겹 빌딩 사이
하늘 향해 안테나인 양 펼치고 있어라
아파트 속 좁은 사잇길에선 아직 외투 깃을 세운 바람이 서성이고
꽃덤불 말라붙은 울타리를 다듬는지 전기톱 소리 기승스런 한낮
놀랄 것도 설울 것도 없다,
눈가의 주름마냥 진부하다 했어도
그곳은 있는 것인지,
햇살이 노루처럼 뒹구는 들녘
갓맑은 물소리 마음껏 내달리고
풀꽃들 제 빛깔 제 향기로 당당히 피어나는
그곳은 정녕 있는 것인지,
마음자리 어느덧 풀빛으로 물들고
저도 몰래 삼동을 견딘 그리움

나울나울 일어라 다시금 하늘 끝 구름발치 향하여
파란부전나비처럼 날아라

하늘을 나는 비닐봉지

벗어나고 싶은가보다
이 우물 속 같은 곳을 벗어나, 저 또한
낮달 푸른 하늘을 눈물나게 한번 날고 싶은가보다
새도 아니고 나비도 아닌 것이
바람도 풍선도 아닌 것이
몸 부풀려 벽이라도 까마득히 타 오를 기세다
날개를 향한, 저 검은 비닐봉지의
좀처럼 사그라들지 않는 맹랑한 몸짓
좀처럼 분해되지 않는 망령처럼 질긴 꿈
사실, 행색 말끔하던 시절에도
저 안에 담을 수 있는 것이란
자잘하고 옹색한 일상이 대부분이었지만,
터질 듯 채워 넣었을지라도
들고 가는 이의 뒷모습까지 덩달아
초라하고 슬퍼 보이기도 했지만,
아무것도 담기지 않은 지금 또한
가뿐히 띄워 올린 몸 풀죽어 자꾸 주저앉긴 하지만,
나는 조심스레 지켜본다
검은 비닐봉지,

어깨 좁은 골목길에서 다시 몸을 추스르는
가슴 가득 하늘을 들이키고 있는
저 검은 비닐봉지

어느 개인 날

큰비 지나 하늘 문득 마알간 샛강에
뿌리 뽑혀 누운 나무 한 그루
햇살이 그 마지막 숨결을 덮어주고 있다
바람이 손 잡아주고 있다
머다란 하늘로 나비치며 오르는 꿈
나무는 두근두근 놓을 수 없는지
우듬지로 끌어 올리는
잎새들 작고 푸른 북소리
허공을 울리고 있다 여리게 여리게

생生이 제 길로만 마음 쏟는 일이라면,
황홀하지도 가슴 저리지도 않은
그저 혼자 흔들리다 가는 일이라면,
그러나 한 점 지는 꽃잎에도 파문은 일어
땅 끝을 향해 밀려가고 또한 밀려오느니
그 어디쯤에서 부음을 접한 이 또한
한 점 입자로 흔들리느니

점점 여리게, 작고 푸른 북소리

점점 여리게, 이울고 한 생生이 이우는 동안
햇살이 눈어리게 흔들리고 있다
바람도 쑥대머리로 흔들리고 있다

영정으로 앉아

그곳은 어지러웠네
너를 용서하지 못했기에
뜨거운 어둠이 요동치며 흐르는 땅이었네
허공에 기대선 한 줄기 꽃대궁의 꿈도
그곳에선 현기증일 뿐이었네
마디마디 하얗게 뿌리가 움켜쥔
한 꺼풀 땅의 거죽일 뿐이었네
용서할 수 없으리라던 것들
용서하기 위해 필요한 시간이 일생이던가
이제야 너에게서 받아든
국화꽃 한 송이
나를 가만히 올려다보고 있네
다 하지 못한 너의 이야기들이
꽃잎 사이 눈물로 맺혀 향긋하네
어둠의 창 활짝 열어젖히고
깊숙이 하늘을 들여다보네, 별빛 사이
바람이 푸른 둥지를 튼 곳으로
가려 하네
가슴 가득 네가 건네어 준

국화꽃 향기로 날아가려 하네

　멀미 그쳐 고즈넉한 대기실에서 내가 또 다른 나와 화해하고 있네

침묵의 숲가에서 · 1

그대의 비밀을 엿보았습니다
그대의 침묵을 향하여 오래 오래 걷던 저녁
길은 자꾸 발꿈치에 매달리고
발바닥에 배겨오는 걸음마다 너덜거리는
낡은 기도 잠시 벗고 앉은 어느 숲가에서
그대에게 닿을 수 없는 걸까, 없는 걸까
문득
그대가 횃불처럼 숲으로 날아들었습니다
초록빛 주렴 비스듬히 걷어 올린 숲 속에
진홍빛 알싸한 향기 퍼졌습니다
말없이 홀로 선 나무들 베이고 꺾인 상처들이
불빛 속에서 아물어가고 아무는 상처들이
사랑이여
그대의 모습을 닮아갔습니다
그대의 향기를 뿜어냈습니다
한순간
그대는 침묵 너머 사라지고
땅에 붙박인 지팡이 같은 내 몸 위로
그대가 흘린 비밀인 양

별빛 하나, 뜨겁게 떨어졌습니다

틈새를 건너듯
— 전철역 · 2

무언가가 고삐를 잡아당긴다
심장 깊숙한 곳에서 울컥거리는 어둠을 지그시 내리누른다
부정맥인 것일까?
……익숙해지기 마련이야,
그곳은 다가섰는가 하면 다시 아득히 멀어지고
전철은 불안스러이 출렁거리지만
흔들림도 기다림도 익숙해지기 마련이야,
어지러운 땅의 이야기들은 아무렇게나 접혀 선반 위에 놓이고
낯선 저 얼굴들도 차창에 번진 얼룩처럼 무심하게 보일거야,
언젠가는,
그런 생각을 하던 참이었다……
내 안에서 차창 밖에서 출렁이던 혼돈의 파도가 함께
고개를 숙인 사이,
강을 건넌다, 편지처럼 누운
강은 아른아른 빛의 문자들을
그곳의 소식인 양 내비치고 있다

저 글을 읽어낸 것일까
밤의 강가에 선 가로등들은
상기된 기다림을 품은 영혼의 행렬인 양 허공중에 충만한데,
저 글을 나는 읽어낼 것인가
발 묶인 나룻배처럼 내 눈길은 행간 어디쯤 어둑히 붙박였는데,
부정맥의 짧은 휴지기休止期가 끝난다
전철은 다시 어둠의 물살에 휩싸이고
나는 다시 가슴을 울컥거리며 미심쩍게 사람들을 훔쳐본다
그렇게 강을 건너고 있다, 삶의 틈새를 건너듯

폭설

결코 발자국을 보여주지 않던 길, 도시의
무거운 눈길 위로
바퀴들의 흔적이 가득 깔리고 있다
제가 짊어진 무게를 선명히 드러내고 있는
삶의 자취들,
삶보다 더 위태로워 보인다
바퀴 자국만 낼 뿐 앞으로 나아가지 못하는 경운기
오늘따라 접은 종이 상자 몇 묶음만으로도 등이 뻐근하다
지레 늙어 나이를 잃었어도 대수런가
한때는 볏섬깨나 짊어지고 논두렁 밭두렁 누비던 몸
낡고 구멍 난 자리 기워 가리며
헌 종이 상자 폐지들을 그러모으며
도시의 길 더듬어 여기까지 왔는데,
마음이 먼저 묶여 섰나 종주먹을 들이대도
해수병 밭은기침만 쏟아져 나온다
고향집 마당이라면 기꺼웠을까,
들판은 비었어도 무너진 담 골목길 막았어도
경중경중 철없는 송아지처럼 즐거웠을까
깊어지는 눈발 속에 추억도 점점 무거워진다

뒤돌아볼 것 없다,
무논 깊은 뻘흙 속에서도 황소처럼 걷지 않았던가
크륵크륵크륵 온몸을 들썩이며 강다짐하는 늙은 경운기,
저 사내

감출 수 없습디다

발그레 달뜬 바람이 일러줍디다
그대의 뜰에 모란이 피었다고
그대가 꽃물 든 편지지에 내 이름을 쓰더라고
향기 붉은 모란꽃 그늘 아래
술상을 차리더라고
바람이 속살속살 일러주고 갑디다
눈썹을 다듬고 입술을 그렸습니다만
길을 살피며
문밖의 발소리 가늠하며
나는 자꾸 거울을 들여다보았습니다만

거울 속으로
흐드러지게 피어난 봄 낮의 햇살이 스러지고

어스름 길 머얼리서 바람이
꽃잎 한 장 밀어놓고 갑디다
그대가 술상을 치우더라고
모란꽃 언제 피었더냐, 그리 혼자 말하더라고
꽃이 핀 것도 꿈

꽃이 진 것도 꿈
나는 자꾸 거울만 닦아댔습니다만
그대 몰래 바람이 집어온
향기 여전히 촉촉한 한 장 모란꽃잎은
정말 어쩔 수 없습니다

침묵의 숲가에서 · 2

나뭇가지 타던 햇살이
어스름에 등 떠밀려 숲길을 올라간다
서녘가로 눈시울 붉은 구름이
이무기처럼 웅크려 앉는다
얼키설키 칡덩굴 같은 침묵이 드리워진 숲가에서
그대여, 나는
어느 산옹山翁이 두고 간 지팡이처럼
한낮의 기다림이며 가위눌린 꿈에 지쳐 있다
숲 위로 한 겹 한 겹 밤의 숨결이 내려 덮인다
나무들이 문득 우듬지를 흔들어
어둠을 반기는 것 같았지만, 착각이었을까
침묵 밖으로 소리 한 잎 빠져나오지 않는다
나무들은 왜,
제 빛도 갖지 못한 한 덩이 어둠에 불과한 이 땅을
옹골찬 침묵 속에 끌어안고 있는가
어둠의 중심으로 뿌리 깊이 파고드는가
그대여, 조금은 알 것도 같지만,
단호하기만 한 저 숲 …… 숲가의
먹빛 지루함 속으로 다시 까무룩이 잦아든다

몸속 어디선가 뼈마디 한풀 꺾이는 소리
천둥처럼 울리지만, 소스라치는 것은
부슬부슬 삭아가는 내 기다림뿐이다
여전히 들어갈 수 없는 숲가에서
그대여, 나는 조금 알 것도 같지만 ……

어둘 무렵이면 내가 보인다

너를 기다린 것은 아니었다
해질 무렵 유리창 저편으로
한낮의 부신 햇살에 가려 보이지 않던
사람들이 문득문득 떠오르는 것을
지친 차들이 황혼을 끌며 집으로 돌아오는 것을
보고 있었을 뿐 그러다 무심히
촛불 한 점 창가에 켜 두었을 뿐,
혹시 보았느냐 촛불 한 점
유리창 이편에서 유리창 저편의 허공으로
어슴푸레 길을 여는 것을,
혹시 너였느냐 허공으로 난 길 위에서
머뭇머뭇 이켠을 바라보던 이는,
촛불이 펄럭인다 너의 해진 옷자락인 양
그림자들이 살금 흔들린다
촛불이 펄럭인다 너의 무거운 숨결인 양
바람이 슬몃 휘돌아간다, 그래 사실
나는 너를 기다렸던 것이다
해질 무렵이면 한 자루 초인 양 창가에 붙박여
진종일 굳어있던 기다림을 녹여 태우곤 했던 것이다

그렁그렁 밤도 깊으면 촛불은 꺼지리라
네 눈길인 양 아련한 연기마저 잦아들고
너의 기척 사라진 유리창 이편에서
나는 다시 키워야 하리라
해질 무렵 창가에 홀로 세워둘
내일 하루 어치의 단단한 절망을,

풍리 가는 날

바람뿐,
타는 이도 내리는 이도 없는
기차가 떠들썩한 제 근심으로 떠나가도
플랫홈 빛 낡은 이정표는 여전히 말이 없고
역무원도 보이지 않는
바람 혼자 들락날락 역사驛舍를 휩쓸고 다니는
풍리,

가지런히 키 자른 길가 회양목울타리 틈새
안간힘으로 버티고 있는
개복숭아나무를 보다가
해마다 앙상한 기억 위로 잎 달고 꽃 피우고
쓴내 결국 가시지 않는 열매 두엇 다시 키워내는
저 개복숭아나무를 보다가
풍리, 그곳을 향하여 밀물지는 그리움
한 잎 꽃잎처럼 이파리처럼 끝내 떠나고야 마는 것이다
방향 없는 바람이 들판을 쏘다니고
머리칼 제 맘대로 헝클어뜨리는 풀섶 사이로
달뜬 강물이 몸 떨며 건너가는

잔 생각 다 버린 나무 한 그루
무뚝뚝한 몸뚱이 억세게 일으켜 세우고 있는
풍리, 그곳에서
이리저리 메아리치는
풀빛 바람이 되어보는 것이다

아주 잠시, 반짝인 것들이

버틸 도리가 없습니다,
그을음 낀 처마 끝에
얼음의 뿔로 매달린 기억들,
허리 굽혀 찾아온
그대 햇살 앞에서 녹지 않을 도리가 없습니다
한 방울,
담벼락에 기대앉은 얼음 박인 손발의 아이
아른아른 담아 안고 집니다
또 한 방울,
낯빛 붉은 오라비 찬바람을 몰고 들어서는
병든 어머니의 신음소리 밤낮으로 깔리는
유년의 골목이 담겨옵니다
지붕 너머 하늘이, 파아랗게
낮달을 향해 헤엄치는 새 한 마리 담겨옵니다
아주 잠시 반짝이다가
후득, 지고 또 지는 기억의 방울들이
길을 찾고 있습니다
호박넝쿨 말라비틀어진 줄기들이
차마 걷어내지 못한 꿈처럼

담벼락에 기대 누운 골목 안을
가느다란 숨소리로
더듬어 흐르고 있습니다

이를 어쩌나요

언제는 땅을 보고 꼬리치데요만
살그랑 발치로 바람기 흘리데요만
나뭇가지 위의 잎새인 양,
누가 아나요
또 언제는 하늘 향해 몸 달던데요
아득한 낮달 구름 속을 날고
도도한 새들 날개 팽팽한 하늘로
허리 젖혀 저 혼자 요분질이던데요
정말 누가 아나요
한 가닥 끈마저 풀어놓으면
하릇이 내려앉아
땅을 끌어안고 쓰다듬을 것인지
신이야 넋이야 솟아올라
온 하늘 제 맘대로 휘돌 것인지
나도 정말 모르지요만, 어쩌나요
나뭇가지 위의 저 화냥기,
땅으로 하늘로 눈짓을 뿌려대는

저 종이연,

풀리지 않는 끈 한 가닥에
갈 바를 잃은 하루하루 낡아가는
내 꼴인 양 정말 어쩌나요

봄 · 1

불씨 한 점,
가랑잎을 부추기고 있다
세찬 바람에 맞서던 가지 끝에선
길이라곤 도도한 하늘 길뿐이더니
거리마다 잿빛 우울에 발목 잡힌
속수무책의 자동차들이며
먼지처럼 우수수 피어오르다
과자부스러기 말라비틀어진 나무열매를 향하여
일제히 날개 접는
참새들이 보일 뿐이더니
느닷없이 풀려버린 마음에 동체착륙한
사거리
나비떼 같은 햇살 일렁일렁 길을 앞서고
화르르 불살라질 것만 같은 봄빛, 저 봄빛
겨우내 잡히지 않던
원시의 불씨 한 점,
가랑잎 마른 혈관 속 어디쯤에서
자꾸만 시동을 걸고 있다
반 평 가게 안에서 빙긋 내다보는

게슴츠레한 낯빛의 구두닦이 사내,
지구 너머 다른 별까지 금시 달려 나갈 듯
아슬아슬하다

봄 · 2

사흘 밤 내리 찾아오는 거야
저 달빛, 독기 파아란 눈빛이
다짜고짜 휘감아 두르는 거야
아파트 마당 후미진 모퉁이
저 꽃나무, 새초롬한 허리를
배암 같은 혓바닥이 핥아내리는 거야
왜 이래, 왜 이래,
떨리는 숨소리, 후끈한 몸살기,
사흘 밤 내리 저러는 거야
뿜어내는 거야, 숨구멍, 숨구멍마다
마침내 사태지는 거야, 저 꽃나무
순수의 꽃불들, 활활
아찔하여, 그만 돌아서는데
아파트 창문들 휘둥그런 눈 속으로
보이는 거야, 파아랗게 출렁이는
달빛, 바로 저 달빛!

봄 · 3

겨우내 끌어안고 있던 허공이
노오란 현기증에 더욱 깊어진 허공이
비밀스런 둥지가 되었습니다

몸 시리던 소소리바람 나른한 꿈속으로 펼쳐 눕고
손톱만한 연두 잎 수줍은 풀꽃 옆에서
거리의 소요에 놀란 아기 참새가 가슴을 다독이고 있습니다

별 볼일 없는 인간 하나
길 가 개나리 울타리 속, 푸른 그늘을
하염없이 들여다보고 앉았습니다

신발 · 1
— 전철역 · 3

신발들이 편안해 보이는 날이 있다
저 밖에서야 자리 하나 위하여
끈 단단히 조여 묶인 채
바람 먼지 자욱한 거리를
끌려 다녀야 할 터이지만
가끔은 오늘처럼 자리 하나 비어있음으로 해서
아무데서나, 쉽게, 미끄러지곤 하는
닳아빠진 밑창까지도 걱정하지 않을 수 있다는 것
그리하여 신문들이 수런수런 소문을 돌리고
시선들 아득히 허공을 떠도는 이곳에서
늙고 주름잡힌 회색 운동화 옆에
큐빅 반짝이는 우단 구두
어느 산기슭 붉은 흙 묻혀 온 등산화
그리고 코 끝 반드레한 신사화
다들 느슨한 온기에 잠겨 있다
제 시간이 되면 다시 저 밖의 자리 하나 위하여
차들의 고함소리 아근바근 뒹구는 거리를
끌려 다녀야 할 터이지만
마침내는 군내 나는 속살 드러내고

세월의 무게 뒤꿈치에 매단 채
끌려 다녀야 할 터이지만
가끔은 지금처럼
꿈의 굴레를 벗은 듯, 저리 고즈넉한 낯빛이다

신발 · 2
— 전철역 · 4

어릴 적 미래란
언니의 운동화를 물려받는 일이었다, 두 치수쯤 큰
그것을 할딱거리고 나서면 볼이 먼저 달아올랐다
얼마나 조바심을 쳐야 했던가
등하교 길에서 달음박질하는 아이들 꽁무니에서
좀처럼 좁혀지지 않던, 어린 발뒤꿈치와 신발 뒤축 사이처럼,
그 거리에 얼마나 기가 죽곤 했던가
그러다 발에 맞을 즈음이면 이미 날긋날긋
밑창으로 숨어든 잔돌이 발바닥을 물어뜯곤 했다
그리고 뾰족구두를 처음 신고 나서던
가로수와도 키를 견줄 듯 의기양양하던
나를, 나는 빙긋 웃으며 회상한다
새초롬한 구두코에 간들거리는 뒷굽으로
다섯 자 남짓의 남루를 꾸며보리라 했던
백화점 명품코너며 수입 보세점을 기웃거리곤 했던
나를, 나는 다시 웃어준다 이곳에서
내 신발은 사람들의 눈을 끌지도 못하고
두어 시간씩 조석으로 갈아타며 부대끼며 가는 동안
발가락들은 볼이 터져라 부어오른지 오래이지만

나도 이젠 알고 있다
모든 신발은 같다는 것,
헐렁하거나 지레 낡았거나 운혜 당혜 제왕의 구두일지라도
반드시 벗어놓아야 하므로,
시속 이백 킬로의 휘몰아치는 어둠이 멈춰서는 그날
저 밖으로 걸어 나가기 위하여선, 가뿐히
종이신으로 갈아 신어야 하므로

그믐달

미친년 혼자 밤을 가네
어둠에 결은 마음 허공 가득 끌어안고

누굴 찾는 것일까,
은빛 요기 희뜩이는 저 눈초리

황톳길 깊은 발자국
등 돌려 이미 가고 없는데

옛 강에서

당버들 휘늘어진 그늘 아래
우리 함께 놀던 조약돌
돌아앉아 저희끼리 정겨운 걸요
억새풀 수크령 자꾸 나를 엿보고
웅크린 허기는 눈먼 꽃뱀처럼
혼자 몸을 키우는 걸요

그날의 기억들이
꽃잎처럼 하얗게 잔물결치지만요
푸른 새 소리로 흐르지만요
물굽이 따라 휘돌아간 그대
다시 돌아올 수 없으리라고
물안개는 또 저리 두터이
심술궂은 소문처럼 돌아나오는 걸요

그대 날더러 기다리라 하였던가요
나는 그대를 기다린다 하였던가요

이사

아침 햇살이 구름 너머에서 핼끔거리는
아파트 마당
길 잃은 강아지처럼 아이가 서성거린다
귀퉁이에 스탠드 옷걸이 빈 가지로 우두머니 서고
보자기에 싸인 밥솥이며 텔레비전 뚜껑 뒤집힌 휴지통
낡은 카펫 뒤집어 쓴 장롱 옆에 널브러졌다
새벽잠 설치고 입술 부르터도 행복한 시절이었지,
 고가사다리를 올려다보던 에미 애비가 연속극처럼 마주 웃는데
아이는 말이 없다 아무것도 묻지 않는다
에미 애비의 웃음소리
지금껏 그러모아 지켜온, 전리품들 사이로
빠져나간다 휑한 마당으로 가라앉는다
공중누각 같은 저 위의 터에서
생生은 저렇게 많은 것을 삼키고 있었구나
밀실 깊숙한 제후의 보물만큼이나
은밀한 기쁨으로 반짝였을 부장품들, 때로는
진실도 이삿짐 같은 것이다
생生의 두어 겹 뱃속에 어둑하니 잠겨 그럴듯하던

진실도 저렇게 끌어내 놓고 보면 누더기 일습일 뿐이다
무덤이 토해낸 듯한.
에미 애비가 승용차에 오르는데
어느새 아이는 뒷좌석에 앉아 책을 읽고 있다
아파트 그늘로 내려앉던 햇살,
살며시 아이를 들여다보고 있다

달밤 · 1

왜 있지
길 위로 그렁그렁 어둠 고이고
어둠을 찰방거리며 깊이, 깊이 걸어가다
밤의 먹빛 숨결에 머리 적신 가로수 몸 떠는 소리
부르르, 덮쳐오는 날
혹시 다른 별에 불시착한 것이 아닐까
내 그림자도 낯설어라
비칠거리다 서러움을 뚝, 뚝 흘리다
길 위에 그냥 서버리는 날
고개 들고 올려다본 저만치 날 지켜보는
푸른 눈빛 마주 바라보다
푸른 눈빛 쏟아지는 길 위로 마구 달리고 싶은,
발자국 하나 남기지 않고 끝없이 달려가다
어쩌면 나를 떨구어낸 것이 저 눈빛 아닐까
하여, 푸른 눈빛 속에
그만 목 길게 늘여 우짖고 싶은
그런, 왜 그런 날 있지

아이러니
— 전철역 · 5

  나는 기도하고 있었어 로사리오를 헤아리면서 조금은 졸기도 하면서 기도하고 있었어 차창으로 보였어 내 모습 턱이며 어깨 둥글둥글한 중년 여인 유난히 희고 복스러운 손가락 도도한 다이아반지 틈새로 그레고리안 성가처럼 굴러 나오는 기도문 차창으로 흘낏 흘낏거리면서 나는 졸고 있었어 조금은 제 기분에 취하기도 하면서 기도하고 있었어 하품을 하고 있었어 하품 끝에 눈물처럼 걸렸어 차창 속 중년의 내 모습 내 옆의 저 청년 앉아있는 아니 앉아있느라 애쓰는 청년의 파닥 파닥 들까불리는 머리 저 다리 내리감아도 저 혼자 치켜 올라가는 눈꺼풀 다잡아도 저 혼자 뒤틀려가는 오른팔 나는 문득 손가락 사이로 풀어져 내리는 로사리오를 추스르는데 유난히 말간 저 남방셔츠, 아가 어디서든 진득하니 앉아 있어야 해, 늙으신 어머니의 눈물로 헹구어낸 듯 유난히 말간 저 남방셔츠 나는 피할 것도 없이 시선이 다시 굴러 떨어지는데 자리를 자꾸 고쳐 앉는 저 청년 쉼 없이 청년을 깨워 일으키는 저 힘은 멈출 수 없는 저 힘은 정말 어디에서 오는 것일까 나는 잠 속으로 굴러 떨어지고 있는데 지하에서 끄으는 듯 —

할미꽃

한낮의 햇살에도 가슴 한번 펴본 적 없다
솜털 보시시 뺨 발그레하여도 나면서 굽은 허리
엉겨오는 잔디 쌓이는 잎새 틈에 허술한 뿌리
그러나
골짝을 울부짖던 바람도 생각에 잠기고
소나무 얼크러진 가지마다 송진처럼 걸린 정적의
무덤가에서 홀로 깊어지는 마음
발아래 어둠을 응시한다
한 묶음 소포처럼 꾸려 보낸 사랑이
주소불명으로 혹은 수취인 부재로 되돌아와
봉인된 채 노오랗게 삭아가는 지하의 궤
그곳에서 번져오는 비밀스런 향내
꿈인 듯 취하여 고개를 깊이 꺾는다
차마 놓을 수 없던 몇 토막 이야기
마저 스러지는
그곳에서 시선을 뗄 수 없다
소멸하는 것들은 얼마나 아름다운가
누대累代의 주검 앞에 더욱 숙어드는
쌓인 세월만큼 먼저 살아버린
조로早老의 꽃

달밤 · 2

눈인가 철 지난 꽃인가 했더니
달빛이었네

낯익은 미소였네
창문을 열고 들어와 울먹이는 나를 쓰다듬는
그대 손길이었네

내 안의 눈물이 어둠을 벗고 일어서는
화안한 날갯짓이었네

봄빛

바람꽃 자욱한 하늘이 새벽부터 설레고 있다
어디선가 휘파람 소리로 날아와 앉는
초록 눈빛의 풀씨
그가 돌아오는가
시장통에서, 갈림길이며 막다란 골목에서
안내견처럼 제 등 곧추세우고, 눈먼
나를 팽팽히 잡아끌던 그가,
바람이 밤새워 뒹굴며 어둠을 해산하고
애비 없는 어둠이 마른 울음소리로 기어 다니던
삼동의 한복판에서
어쩐 일이냐고, 세상 끝까지 마저 가보자고,
언 입술로 소리쳐대던 그가,
이제는 돌아오는가
낡은 움막처럼 주저앉은 나의 방
눈먼 탄식이 성에처럼 두터웁고
그와 나의 나란한 때론 겹쳐진 발자국들마저
그날의 약속처럼 희미해진 나의 뜰
이 새벽, 마침내 그가 돌아오는가
윗목에 꽁꽁 입 다물고 있던 자리끼가

어릿어릿 그날의 이야기를 풀어놓는다
베갯머리 정담인 양
짚단 같은 몸이 살금 달아오른다
멀리 짚어본다 그의 기척을, 집 나간 초록 눈빛의
목소리를

참을 수 없는

울타리 가득 비명 소리 낭자하다
미치광이 같은 불길 데일 듯 온몸을 돌아
겨우내 웅크렸던 통증 가시로 벼려지고
여기저기 솟구치는 울혈 깊은 꽃눈들

잠시라도 잊었던가
몸이 묶인 자리, 하늘은 알 수 없이 높아도
뼛속 깊이 각인된 기억들
몸서리치며 우듬지로 밀려 오르고,

꿈속에선 날기도 하려니
우주가 그 깊은 눈꺼풀을 열면
그의 눈 속으로 스며들어, 미립*을 얻은 매처럼
그의 뜰을 날아다니려니

키울수록 제 무게로 휘어져내릴
생피를 뚝뚝 흘리며 쏟아져내릴
꽃이여 그리움이여
가지 가득 핏빛 날개의 의식儀式을 예비하는

참을 수 없는 계절이여

*미립 : 경험에서 얻은 묘한 이치.

봄의 정거장을 지나며
— 전철역 · 6

꽃들이 말없이 지고 있으리라, 저 밖에서
밀물지는 햇살 아래
꽃들이 말없이 몸을 날리고 있으리라
내 설음한 사랑 같은 꿈의 말미에서
말없이 날개도 없이 온몸을 던지고 있으리라
차창의 입김으로 잠시 서리었다가
지금은 흔적마저 사라진 그대여,
나는 창 밖을 내어다본다
침묵의 꽃잎 세례를 받은 사람들이
노을 깊은 눈빛으로 돌아와 꽃잎처럼 답쌓이는 플랫홈
이제는 나도 짐작할 수 있겠다
지는 꽃들이 온몸으로 일러주었을 침묵의 언어,
침묵 속에 감추어두었을 불꽃의 언어,
그러나 어찌 더 읽어낼 수 있으랴
내 사랑은 봄꿈에 여윈 한 잎의 슬픔인 것을
그대 뺨인 양 그늘진 차창을 어루만진다
오늘은 그저 지나쳐 갈 뿐이지만
언젠가는 꽃들의 초대를 받지 않으랴
그 비밀스러운 의식儀式의 날에

눈 시린 봄의 정거장을 걸어 나가리라
꽃들의 뜨거운 침묵에 휩싸여 함께 흩날리리라

갑자기 내리는 비 · 1
— 전철역 · 7

여자는 오늘 우산을 판다
웅얼웅얼 풀섶의 비처럼 전철 안을 적시는 목소리
우산살처럼 휘어진 여자의 등을 가방이 막무가내로 끌어당긴다
그대가 기다리고 있지는 않을까, 우산 하나 탄탄히 펴들고
나는 그대를 넉넉히 기다려 주지도 못했는데
그대의 머리 위에 우산 한번 제대로 씌워주지 못했는데
살품으로 파고드는 비의 숨결, 나는 숨이 막힌다
가난한 기다림은 열병이다 치명적인 아름다움이다
그리하여 나는 방향을 잃는다 이곳일까 어쩌면 저 건너일까

어느 쪽 출구로 나아가건 마찬가지다, 이르건 늦건 알게 된다
구름 뒤에서 덮쳐오는 저 컴컴한 빗줄기
뒤따라 나온 여자의 목소리 길 위로 휩쓸려 간다
주머니 털어 산 싸구려 우산을 펼쳐 든다
투둑투둑투둑투둑 숨가빠 스며 드는,
피할 수 없는, 뜨거운 빗소리

어차피 우산 하나로 다 가릴 수는 없는 일이다
바짓부리 무겁게 매달린들 어떠랴, 온몸이 젖어온들 어떠랴
자존심 하나 우산대처럼 꼿꼿이 세운다

저마다 홀로 깊어지는 머나먼 빗길

비 온 뒤

상현달이 구름을 헤치며 간다
도시 너머에 웅크린 밤은
어미고양이 같은 체취를 풍기고
바람이 젖은 몸을 털며 거리를 지나간다
건물마다 아파트마다 빛나는 창들은
잠들지 못한 아픈 꿈들이
비로소 검은 눈물을 흘리며 내려오는 것처럼 보인다
실제로 그것들은
도시의 불빛들이 포식자처럼 노리는 거리를 벗어나
멀리 깊은 밤의 품속으로 기어가는지도 모른다
밤은 또 먹먹한 몸을 정성스러이 핥아
안온한 잠 속으로 데려가는지도 모른다
구름 뒤에서 빠져나와
불면의 대양을 건너는 달
제 몸 반쪽을 깊은 그늘인 양 등에 진
달의 눈빛이 아득히 맑다
어쩌면 나는
지나치게 들추어내고 터무니없이 살펴본 것이 아닐까
삶의 뒤켠 깊숙이 잠겨 있는 의혹들

달 그늘 속 창세創世의 크레이터처럼
이제라도 말없이 품고 가야 하는 것일까
머뭇머뭇 젖은 신발을 추스르는 나를
문득 뒤돌아보는 바람

갑자기 내리는 비·2

그가 걸어간다
허공을 눅눅히 휘청거리던 그림자들 제 주인의 품으로 달려 들어간 거리에서
불빛을 잡아 끌어내리는 빗줄기 차도 위로 출렁출렁 실랑이하는 거리에서
그가 우산도 쓰지 않고 걸어간다
퍼붓는 빗줄기 흰 셔츠 속 감추어져 있던 그의 몸을 드러내어도
그의 수척한 어깨며 견갑골 나를 향해 말을 건네듯,
상처를 보여줄까 너는 상상도 못할 만큼 대단한 상처야 지금 이 빗속이 아니면 엄두도 못 낼 일인데 너에게만 보여줄까,
그렇게 속내를 날긋거려도
주위 한번 돌아보지 않는다
그것만으론 모자란다는 듯 바짓부리 붙잡고 늘어지는 빗줄기
아랑곳하지 않는다 차분한 걸음걸이로 멀어져간다
빗줄기 너머 저만큼
길 위를 끌려가는 자동차 바퀴소리 저 원시적인 붉은 비명

소리 귀에 달라붙어 떨어지지 않는데
 작은 잎새 같은 우산들 금시라도 침몰할 듯 위태로운데

귀가길
—전철역 · 8

네가 잡고 섰던 것일까 잠시 전
너의 흔적에 닿은 듯 온기 희미한 손잡이,
비껴선 문가에서 움켜쥐고 지금의 나처럼
창 밖 어둠의 급류를 내다보았던 것일까
그곳에 닿기 위하여 흔들릴 수밖에 없는 거야
기억한다 언젠가 네가 그렇게 말했던 것을,
속도의 고비마다 쉼표처럼 놓인 정거장이나
열렸다가 닫히고 다시 열어지는 저 문 사이사이
가슴을 후려치는 긴 꼬리의 바람과
그 끝에 남겨지는 금속성의 체온으로 식어가는
손잡이의 아릿한 온기까지를
너는 말했던 것일까 나는 지금도 알 수 없는데
부푼 얼굴로 다가온 불빛들이
꽃잎처럼 부서진다 어둠 속을 떠내려간다
어둠에 홀린 마음을 덩달아 풀어 던지면
너의 뒷모습 머무르던 그 시간으로 흘러가려나
너는 세찬 어둠의 강물 언저리에서 나를 건져내려나
그저 손바닥 촉촉한 의문을 옷자락에 닦을 뿐
나는 도무지 알 수가 없는데

잊을 것이 있어 아까는 흔들리더니
잊을 것이 없는 지금은 왜 흔들리는지

에스컬레이터를 오르며
— 전철역 · 9

다시 내려와야 하리
곧 다다를 저 위의 저잣거리에서
먼지 이는 한 귀퉁이 자리를 향해 잰걸음하다가
찢겨나간 삶의 한 조각을 찾아 발서슴하다가
거리의 먼지 머리 위로 후광처럼 두르고
종내는 내려와야 하리
모든 의문을 저 위에 놓아둔 채 영원으로 향하는 그날처럼
한풀 가라앉은 시선으로 내려와야 하리
어떠랴
바꿔 탈 수 없는 도중에 내릴 수 없는
예비된 상승이지만
어떠랴, 피곤한 몸 실려 오르는 잠시
윗칸, 구겨진 바지 비스듬한 신발 뒤축을 바라보거나
옆칸, 하강의 흐름 속 땀 식은 이마를 건너다보는 건
설레임도 망설임도 다리를 쉬는 십여 초
유예의 계단 위에서

별에 대한 오해 · 1

이제 높이 고개를 들어올리지 않으리라
숨은 별을 찾아 밤하늘을 헤매지 않으리라
아득한 저 위에서 반짝이는 것만이 별이랴
등 시린 아이들이 몇 장 잎새처럼 뒹구는 거리를
갈 곳 없는 바람 따라 휘청거리는 골목을
구부정한 근심으로 지켜 선
가로등도 별이 아니랴
돌아올 수 없는 한 점 좌표를 향하여
얼룩진 날개로 돌진하는 나방들 하루살이들
가슴으로 품어 안는
가로등, 타는 절망이 별만큼 눈부시지 않으랴
푸르르, 어깻죽지 어둠을 털며 들어서면
들리지 않느냐,
정지된 시간 속 겹겹 허공을 뚫고 날아오르는
가로등의 방전 소리,
가까운 아주 가까운 나의 별인 양
날갯짓 소리,
어리석다 하지 마라
이젠 정말 너무 높이 고개를 들지 않으리라

8층에서 내려다보이는 어떤 그늘에 대하여

한낮의 길이 나무 그늘 속으로 끌려 들어간다
길 가던 낡은 삼베 빛깔의 사내가 함께 끌려 들어간다
겨우내 빈손인 체 시린 눈빛을 허공에 흔들어대던 가지들은
뿌리 깊은 어둠을 끌어올려 진초록 무성한 그늘로 벌여놓았다
윤기 두터운 잎새들을 모조리 펼쳐 누이고
부푼 꽃들의 입술까지 은근히 열어놓고
뻔뻔스러이 길들을 유인한 것이다
그렇게 감추어둔 속내를 드러내 보인 것이다
길이 사라진 자리에
무력감이 남아 둔한 몸뚱이를 풀썩거린다
한낮의 햇살이 말벌처럼 윙윙거린다

사내가 나무 그늘을 빠져나온다
사내가 나무 그늘 한 장 끌고 나온다
사내의 등판에 햇살 한 떼가 달라붙는다
사내의 발치에서 조그맣게 오그라든 그늘은
씨앗들이 말라붙은, 한줌 바람을 움켜 쥔 씨방처럼 보인다

사차원의 입구 같기도 하다 고개를 들이밀면
뒤틀린 삶의 꼬투리 속 발아하지 못한 이야기들이
꽃가루 빛 향기 속을 꼼틀꼼틀 지나고 있을 듯 하다
어섯*눈도 뜨지 못한 나는 더 이상 그늘로 스며들지 못하고
사내의 등판에서 풀썩풀썩 기승을 부리는
햇살에 눈이 찔려 아프다
아니, 아픈 체 한다

*어섯 : 사물의 한 부분에 지나지 않는 정도

한여름 밤의 강

능선을 넘지 못한 구름이 불만스러이 머물러 있다
선잠 든 도시 사이를
강은 나부죽이 기어 돌아오고
가로등 백태 끼인 눈빛이 흘끔흘끔 뒤따르고 있다
여윈 발 담그고 주름진 목 길게 세워 기다리는
밤은 길기만 하다
계절이 바뀌었어도 여전히
강은 도시의 불우한 꿈들을 무겁게 물어오고
어둠 속을 내달리는 차들의 경적소리
잠결에 질러대는 도시의 비명처럼 등줄기를 후려치곤 했다
바람 없이도 화끈하게 나래 쳐 능선을 넘던 때가 있었던가,
침침한 눈으로 낚아 올리는 것은, 이제
도무지 익숙해지지 않는 지루함, 때로는
한낮의 긴 긴 허기 끝에 집어삼키는 체기처럼 얹혀버리는
정체 모를 시궁내
하류를 향하여
강은 주춤주춤 진흙 덮인 꿈의 조각들을 뱉어내고
저 혼자 풀섶을 답삭이는 바람
구름이 답답한 속을 풀려는지 잠시 그르렁거린다

공연히 날갯죽지가 달아오른다
뻐근한 기억으로 버티어 선 샛강에서
그립다, 서릿빛 뒤척임
한달음에 물살 거슬러 오르는 소리, 물 위로 낚아채 올리는
상큼한 아, 몸서리치게 저릿한 그날의 유희

어디쯤을 떠도는

그리운 이여
나는 오늘도 강가를 서성입니다
별들이 가로등과 더불어 안개 속에 익사한 시간
강물조차 낯설어 눈이 시린데
안개의 그늘 속 희끗거리는 저 작은 그림자
혹시 그때의 종이배가 아닐런지요
오래전 부다듯한 신열을 끄적여 접던 종이배, 종이배들을
시냇물 가느다란 손바닥에 올려놓으면
그대를 향해 배꽃 같은 마음이 먼저 나울거렸는데요
여린 물살을 타고 수많은 종이배들이 흘러갔는데요
더러는 물풀이며 돌 틈에 걸리고
더러는 여울목 작은 굽이에 허물어지고
남은 것들이 흘러 흘러……
마침내 강의 입김 속으로 자취를 감추었는데요
어쩌면, 그때의 종이배 하나
그대 꿈의 언저리에 좌초한 나의 생生처럼
흐를 듯 잠길 듯 안개의 강에 기울어 있는 걸까요
나는 자꾸 눈을 부빕니다
그리운 이여, 한두 쪽 배들이 지금도 남아있어

별빛 한 무리 싣고
어두운 물결 위를 떠도는 건 아닐런지요
어느 모래톱에 닻 내리고
눈먼 기다림에 달싹이는 건 아닐런지요

나는 그대를 사랑합니다
— 전철역 · 10

나는 자라지 않는 나무입니다
햇빛 한조각 비 한줄기의 꿈도 없이
인조대리석의 홀, 창백한 조명 아래 진종일 서있는
인조나무
그러나 내게는 그대가 있습니다
이른 아침이면 만나는 그대가 있습니다
그대는 부스스한 모습으로 그냥 지나치지만
그대가 일구고 가는 가녀린 바람결에도 나는 몸이 떨립니다
뒤따를 듯 흔들리는 그림자 끌어당기며
다시 돌아올 그대를 기다립니다
때로 그대는 내 옆, 소파에 앉습니다
이마의 깊은 주름, 떨리는 입가
눈을 감은 그대는 구겨버린 종이조각 같습니다
그대 몸 위로 얼룩처럼 내려앉는 내 그림자
슬그머니 거두어들이고 싶은데
바람이 자꾸 계단을 통통통 달려 내려와
홀 안을 부산스러이 돌아다닙니다
그래도 그대와 함께이기에 나는 행복합니다
몸 추스려 일어나는 그대, 눈 속에 잠시 머무른

나의 시들지 않는 초록빛 잎새들을 인하여
그대 눈빛이 반짝, 빛났으므로
오늘은 더욱 행복합니다

별에 대한 오해 · 2

아니다,
자꾸 주저앉고 있다
중심의 알 수 없는 힘
맹렬히 몸 태워 버티고 있다
머리털 올올이 곤두서는 섬광
세포 사이사이 치달리는 열기
몸이 뒤틀리고 있다
다잡아들여도 배어 나오는
일그러진 신음소리
손 한번 잡을 수 없는
어깨 한번 기댈 수 없는
차고 무거운 밤을
홀로 비틀거리고 있다
저 별은,

예행연습
— 전철역 · 11

 깃발을 흔드는 귀밑머리 빛바랜 역무원 플랫홈의 벽에 얼룩무늬로 잠시 스친다 한참 안 뵈시길레 이사 가신 줄 알았구먼요, 저이가 그렇게 말한 적이 있다, 늘 뵈던 양반들이 안 뵈면 마음이 쓰여요 도시 외곽의 작은 역에서 눈인사로 만나는 사람들을 마중하고 배웅하며 저이는 수많은 이별을 생각했으리라 나는 오늘 저이의 붉은 깃발이 서러웁다 지난 밤 소주 몇 잔에 되넘긴 번번이 시린 바람으로 가슴에 웅크려 앉는 수많은 말들이 이끌려 나온다 펄럭이는 깃발 따라 웅성거리며,

 흐른다 선로 위로 여울진다 둥둥 떠오르는 흔들리는 그대의 이름 외로운 꽃잎처럼 꽃잎처럼 보인다 이상하다 그대를 말하는 잠시 그대를 잊는다 정말 이상하다 먼 훗날 말하게 되는 걸까 소용돌이 일으키며 흘러간 여울물 소리 아른아른 따라 흘러간 꽃잎들을 떠올리며 나는 말하게 되는 걸까 인생도 꿈도 사랑마저도 저 역무원처럼 깃발을 내리고 돌아서는 일에 불과하다고 어스름 빛 물결무늬 얼룩처럼 남겨진 깃발을 접어놓는 일에 불과하다고 아무렇지도 않게 정말 아무렇지도 않게,

저 꽃나무 같기만

꽃나무를 보고 있습니다
말복 더위처럼 몰아쳐 온 한 떼의 벌레들
잎잎이 말고 들어앉은
길섶의 꽃나무를 보고 있습니다
마음 갈피갈피 꺼무스레 피어나는
우울이 집을 나서곤 했던 것인데요
길섶에 점, 점, 매달린 꽃등이나 보려고,
손수건만한 자두빛 향기로 더위 먹은 바람을 식혀주는
제 가지에 기댄 메꽃 줄기 여린 순을 부축여주는
무리무리 부용 꽃나무나 보려 했던 것인데요
쥐어짠 행주 같은 마음 갈피에
꽃등 한 점 보송그레 매달리면
잎새 사이 나오르는 초록 열매의 소문도
나울나울 내려앉곤 했던 것인데요
오늘은 소리 없이 꽃등들 잦아들고 있습니다
얼룩진 잎새들 고개를 떨구고 있습니다
속울음 눅눅히 길 위를 서성거립니다
마침내는 벌레 떨군 가지마다
초록빛 소문들 맺혀 익겠습니다만

댕글댕글 한여름의 팡파르
푸름 깊은 공중으로 뿜어 올리겠습니다만

꽃들은 왜 지는 것일까

덩굴장미들이 울음을 삼키고 있어
탱자나무 손가락 가시를 자꾸 돋우고
벽을 타는 담쟁이들 무성한 소문을 일으키고 있어
부서진 문 끼익 밀고 들여다보면
웃음소리 몸 세워 돌아볼 듯한데
먼지처럼 두터운 침묵만 마루 위에 깔아놓고
너는 어디로 간 것일까
너의 웃음소리 나비처럼 팔락거렸다며
너의 날개 위에 햇빛 더불어 사각거렸다며
수런수런 초록 잎들 흐드러지는데
너는 어느 그늘 속 희미한 그림자로 잦아든 것일까
너를 향해 흘러온 머언 길 어스름 발치에서
울컥울컥 떨어지는 꽃잎을 보고 있어
꽃들의 가슴에 맺혀 흔들리는
물음 하나 들여다보고 있어

그 바다의 달밤

거품을 물고 달려들고 있다
저녁답 썰물진 돌 틈에 숨죽이던 바다
이제 컴컴한 숨소리를
모래 위로 거칠게 채우고 있다
어둠 속에서 눈을 빛내며 기다리던
사내가 옷을 벗는다
사내가 벗어 뭉쳐놓은 한 뭉치 가난
소라게가 버리고 간 빈 껍데기 같다
바다의 깊은 목구멍으로 사내가 뛰어 들어간다
비웃음인 양 바다가 잠시 그르렁거린다
안개로 자욱이 솟구치는 사내의 전의戰意
구릉 뒤 쪽달이 여민 옷자락을 가만히 놓는다
낡은 치맛자락에서 화안히 풀려나오는
은빛의 기도
안개의 바다를 사락사락 내려 덮는다

바다 속 꽃게들 사내의 구럭으로 자꾸 기어들겠다
달각달각 집게발 소리 온 동네 잠 설치겠다

벼랑 끝에 서다

강 따라 걸었다
마천루의 꿈에 취한 도시의 불빛을 매달고
향수인 양 시궁내 출싹거리는 샛강 따라 걸었다
물굽이 돌아 있다는 그곳,
은빛 물고기 떼 조그만 파도를 일구고
파래 빛 향긋한 바다 내음 떠돈다는
그곳을 향해 걷다가 벼랑 끝에 선 신 새벽,
몇 굽이 돌았어도 그곳은 아득하다
길은 풀섶으로 도마뱀처럼 자취를 감추었는데
어둠의 틈새마다 몇 가닥 실뿌리의 풀이며
잠을 잃은 새들의 날갯짓이 가파른데
아무렇지도 않게, 콘크리트 벼랑 아래 투신하는
저 강!
뱃속 깊은 갈망들이 잿빛 거품으로 솟구친다
제 꿈에 번들거리던 불빛들이 함께 뒤엉킨다
부글거리는 강의 몸뚱이, 섬뜩한 안개가 깔린다
뒤돌아보면, 달랑 떨어진 도마뱀 꼬리 같은
내 불면의 생生이 우습다
잠이나 잘 건가 길 사라진 풀섶에서

꽁지 파묻고 알이나 까볼 건가
허공을 문지르는 손은
안개를 닦는 것인지
신새벽 어둠을 먼저 지워보는 것인지
알 수 없는데,

봄밤 · 1

달빛이 꽃잎 떨어내는 소리
달빛이 바람 물들이는 소리
나를 부르는 소리
무거운 그림자를 벗고 이리 나오실까요
함께 춤을 추실까요

켜켜이 쌓인 그늘 털고 그만 몸 띄워볼까
아득한 향내 펄럭이는 만장으로 휘돌아볼까
자진모리 휘모리로 끝없이 올라가면
머언 하늘 가까워지고
금 하나 너머 저편일 것을
곤두박질치다 중모리 중중모리 내려앉으면
한 잎 꿈도 나무 아래 잦아들고
희푸른 달빛은 수의처럼 감싸올 것을

살풀이춤을 추실까요
무거운 그림자 벗고 병신춤을 추실까요
바람이 꽃잎을 잡아끄는 소리
어둠에 등 기대앉아 듣는
또 다른 나의 목소리

봄밤 · 2

창 밖이 소란하네
뒤척이던 몸 일으켜 내다보네
아파트 좁은 뜰 가득
달빛 여울지는 소리
벚나무 꽃망울 터뜨리는 소리

누가 남긴 것일까
일기장 속 꼭꼭 눌러 쓴
그대 이름인 양
푸른 향기 선연한
발자국 하나

비록 그러할지라도

들고양이 같은 바람 한줄기
붉은 신호등의 횡단보도를 건너갑니다
꼬리 상큼히 치켜들고
밤의 숨소리 두텁게 흘러 고이는
길 아래 빈들로 내려갑니다
홀로 길을 가다가
슬픔 파아란 눈빛 발등에 떨구며 홀로 길을 가다가
문득 돌이켜 바람을 따라 내려갑니다
빈들의 언저리를 서성입니다
어둠 속에서 만나는 것이
몇 겹의 누더기,
땅의 무기력한 가슴에 매달려
기만의 봄을 꿈꾸는 풀이라 할지라도
어쩌면 갈피갈피 헝클어져 누운
바람의 지리한 웅얼거림이거나
한 구의 허무를 감싸 안고 떠도는
비겁한 태胎라 할지라도,
비록 그러할지라도,
바람을 감춘 어둠의 숨결을 헤쳐봅니다

낙과
— 태풍 이후

젖은 흙 위에 누워 하늘을 우러르고 있다
가지 위의 나란한 새들이 임종을 지키고 있다

신탁을 기다리는 무녀처럼
버릴 수 없는 약속 하나 아직도 품고 있다

영혼도 지쳐 누우면
저리 달콤한 살 향내를 풍길까

또 어딘가의 젖어 누운 삶을 조문하려는지
새들이 우우 날아오른다

새벽 강으로

앞질러 간 누구였을까
우거진 풀섶 사이
길이 되지 못한 발자국들,
진득한 의혹을 품고 있는
작은 웅덩이에
자꾸 발이 빠진다
(등지느러미 푸르게 퍼득이는 강물 소리 들리지요)

어디쯤인가 사위를 돌아보면
혼돈을 헤치고 나온 자취
어느새 가뭇없고
이성의 키를 넘어선 풀섶 아래
축축한 꼬리 말고 웅크린
어둠이 지루하다
(새벽길 조각달을 품은 강은 밑바닥까지 환합니다)

더 오래 헤매야 하는가
더 오래 서성거려야만, 순례자처럼
길은 선명해질 것인가

충혈된 눈으로 응시한다
풀섶 너머 닿을 듯 말 듯
부추기는 강물 소리
(몰이꾼처럼 뛰어들어요 함께 퍼득이며 흘러가요)

달밤 · 3

무어라 말하리
달빛이 부추기는 저 낱낱의 잎새들
숙였던 허기 암록빛으로 깊어지고
허공으로 가슴 풀어 살근거리는
저, 저 잎새들의 바람기
끄적이다 구겨버린 나의 시들은
어둑한 발치에서 잠에 겨운데
무어라 말하리
달빛에 결어 어지러운 잎새들
금시라도 달려 나갈 듯 어둠을 파헤치는
미친, 저 미친 날개들

그늘진 바다

달은 차라리 가까웁다

날아갈 듯 온몸으로 솟아 일어서다
기진맥진한 갈매기처럼 내려앉아 웅웅거리는
신음소리, 깊은 꿈속에서
화톳불 한 점 빨갛게 품은 모래밭으로
어쩔 수 없이 마음은 치달리고
머뭇머뭇 펼쳐보는 두루마리 자락들
여기, 저기, 풀려 나와
모래를 적시고 스며드는 얼굴
아득하여
그만 거두어들이는 거품의 두루마리
머물 곳은 지상 어디에도 없고
어둠으로 돌아서면
거기 나지막이 걸린 달

바다는 다시 무거운 몸 부풀려 일으키고 있다

저런 이별이라니요

입술 푸른 초승달
지칫거리며 떠나간 자리
하늘의 가슴패기
서늘히 그어졌습니다
아무도 모르게 숨겨놓은
하늘의 그리움
배어나옵니다 어스름 깊은 빛으로
온 사위를 물들이고 있습니다
아무도 모르게 떨구고 간
초승달의 눈물
하나, 둘, 셋……
밤 그늘 속 별빛으로
선명히 맺히고 있습니다

저토록 영롱한 이별이라니요

어떤 항아리

영산홍 잎새들 가을빛으로 익어가는
아파트 좁은 베란다에서
햇살을 주워 담고 있는가봐
저 작은 항아리
어머니 이사하시던 날
버릴 데도 마땅치 않다던 말씀
어디선가 들은 듯하여
금 하나 비스듬히 질러간 가슴
어디선가 본 듯하여
뚜껑도 없는 걸 가져다 놓았었지
저 묵은 항아리
베란다 좁은 구석에서
밤마다 어둠 한 동이 끌어안고
눈물 같은 살빛만 차갑게 흘리나 했는데
이제 보니 주워 담고 있었나 봐
영산홍 금빛 잎새 사이
톡, 톡, 떨어져 내리는 햇살들
낮이면 저렇게 주워 담고 있었나 봐
금 간 가슴으로 익혀 낼 그 무엇,
여전히 남아 있다는 듯

가을

하루 종일 돌고 돌아도 지루하지 않다
긋고 또다시 그어도 싫증나지 않는다
내리꽂힌 말뚝은 지축처럼 요동하지 않고
한 오백년쯤 바람이 물어뜯어도 좋을 나일론 줄 하나
신神이 비끄러매 둔 언덕배기에서
저 까만 염소의 중심은 확고하다
되넘어온 탑탑한 추억도 씹을수록 정겹고
파리 모기 성가시게 달라붙어도
오물 속에 부푸는 볼기며 허벅지 살집
언덕배기 아래 신의 무쇠 솥에선
어미의 살 다려지는 오묘한 향내
고개 치켜든 풀잎 사이를 흐르는데
무심한 듯 어쩌면 행복한 듯
염소의 눈, 무지의 하늘에
한낮의 구름이 빠져들고

삶이란 가끔은
한 뼘 땅속으로 뿌리내린, 언제 뽑힐지 모를
말뚝에 매인 습관인지 모른다

내게도 저런 말뚝 하나 있었으면

문 앞에서
— 전철역 · 12

몸 지탱해 설 귀퉁이 한 켠 남아있지 않다
기대지 마시오, 경고의 손바닥을 내밀고 있는
문, 그 발치께가 비어있을 뿐이다
몇 잔 추위를 들이킨 가슴이 답답하고
하루를 거듭거려 담은 가방은 어깨를 짓누르는데
저 앞에서부터 이미
정해진 모습으로 달려온 삶을 믿어도 되는 것일까
오직 문이기만을 싸늘히 고집하는
오직 약속된 곳만을 향하여 열리는
문, 저 문으로 휩쓸려 다니는 삶을 믿어도 되는 것일까
생각의 틈새를 비집고 나를 엿보는
명함첩 파는 사내의 쉰 목소리
지난여름의 사랑,
노트 갈피갈피 아직도 행간을 달구고 있는 그 이름을
명함첩 깊숙이 접어둘 수는 없으리라
문은 여전히 한 곳을 향하여 열리고
쏴아 몰려 나간 바람이 어둠을 핥다 스러진다
그러나 종착역을 넘어
저 하늘의 역에 닿는 삶 또한 바람이리라

그러기까지 또 얼마의 시간을
삐걱이며 덜컹거리겠지만
구멍 숭숭 뚫린 늦은 밤의 꿈으로 버티겠지만

빈 주머니에 손을 넣고
— 전철역 · 13

그대여, 바람을 헤아려본 적이 있습니까
저 밖에서 하루 종일 가슴 졸이며 발서슴했어도
그대는 찾을 수 없고
빈 거리 먼지 덮인 소문만 밟고 돌아오는 전철 안
비척거리는 눈먼 걸인의 바구니로
사람들은 몇 잎 동전을 뒤적여 던지고, 던져진 동전들을
걸인은 손가늠으로 주머니에 옮겨 넣을 때
그대여, 헤아릴 것이 없는 나는
등 돌려 창 밖 어둠 속, 밀려가는 바람을 보고 있습니다
하루 종일 그대의 모습 한번 눈에 담지 못한 나는
저 밖에서 잃어버린 어쩌면 슬그머니 두고 온
내 사랑을 떠올립니다 이름도 달아주지 못한
내 작은 사랑 또한
축축한 그늘 속 어디쯤에서 병 깊은 날개를 접고
두어 조각 꿈 부스러기를
머리 숙여 구걸하고 있을지 모릅니다
쌀쌀한 내 뒷모습을 향한 서러움과 울분까지도
걸인은 주머니에 가늠해 담았을 것입니다만
나는 주머니 속 빈손만 움켜쥔 채

그대와 나 사이
깊숙한 허공, 허공을 왈칵왈칵 밀려가는
어두운 바람이나 헤아리고 있습니다

커피 잔 속의 우주

벡사시옹*의 선율 같은 햇살이
잔 속으로 떨어져내린다
천천히 저으면
헝클어지며 휘돌아가는 빛과 어둠
뭉글거리는 혼돈이 잔을 채운다
진득한 수면* 위로
얼핏 신의 무료한 뒷모습이 비친 것일까
가지 쳐낸 신경의 끝마다 돋아나는 움,
몸 구석구석 여린 순들이 달려간다
가슴에 도사려 앉은 한 모금 액체가
신의 뜰에 풀어놓은 불뱀처럼
무성한 가지를 더듬어 간다
뱀의 자취를 따라 점, 점, 망울지는 불꽃
그 뜨거운 혼돈이 기꺼웁다
— 신은 태초에 혼돈을 지으시고
나는 지금 신에게로 한 발 다가선 것이 아닐까

나의 자그마한 우주가 식어간다
슬그머니 불뱀이 사라져버린

뜰, 빈 잔 속으로
느릿느릿 내려앉는 시계 소리

* 벡사시옹vexation : 프랑스 작곡가 에릭 사티의 피아노 곡. 한 페이지 남짓한 악보를 840번 반복 연주함. 제시대로 하면 한번 연주에 2분 38초, 전체 연주에 13시간이 소요된다.
* 수면 : 구약성경 창세기 1장. 태초에 하느님이 천지를 창조하시니라. 땅이 혼돈하고 공허하며 하느님의 신神은 수면 위를 운행하시니라.

길 잃은 박쥐

아직도 그곳에 있느냐
가로등이 고양이처럼 살피던 도시의 다리 아래
어젯밤 박쥐 한 마리 아직도 매달려 있느냐
벗지 못할 종족의 죄 망토처럼 두르고
잿빛의 그림자로 굳어져 두려움 가득한 눈빛만
숨죽인 내 발소리에도 흔들리고 있느냐
거꾸로 내려다보이는 발치에서
백로들이 불어터진 낮달을 사냥하고
참새며 까치들이 낚싯밥을 따라 종종거리는
강이, 결코 네가 다가갈 수 없는 강이
저리 섬찟한 물소리로 흐르고 있다
낮도 아닌 밤도 아닌 도시에
텃새도 아닌 철새도 아닌 너의
날개 잠시라도 편히 접을 너그러운 자리는 없다
떠나라 박쥐여
공중을 선회하는 햇빛의 퍼득이는 비웃음을 뚫고
날아가라, 높이, 멀리,
맞바람에 너의 섬세한 날개가 찢겨질 때까지
보름달이 전설로 뜨는 곳을 향하여 날아가라

신이 몰래 남겨둔 동굴 하나

그쯤 어디에

묵묵한 사랑처럼 깊어가고 있지 않을까 박쥐여

침묵의 숲가에서 · 3

누가 내게 일러줄 수 있으랴
빈 가지들 허공중에 파르라니 뒤얽힌 숲에서
잎새들이 어디로 가려는지
나무들 무심의 외피 두르고 속 깊이 돌아선 발치에서
저희끼리 눈짓을 건네는
잎새들, 가만히
손바닥에 올려놓는다 눈 감아도 귀를 기울여도
더 이상 짐작할 수 없는
시간의 무게가 무거웁다 우주만큼 비밀스러웁다

잎새들의 눈빛
알 수 없는 그곳을 향하여 나를 부추기는,
나 또한 떠나야 할 듯 어디든 갈 수 있을 듯,
그러나 내 몸에도 뿌리가 내렸던 것일까 발을 뗄 수 없는데
누가 내게 말해줄 수 있으랴
잎새들이 두려움도 없이 바라보는
그곳이 어디인지

나무들 굳은 빗장 결지른 저 침묵의 방을 들여다볼 수 없는데
　빈 가지인 양 그저 허공에 얽혀 있을 뿐인데

　잎새들의 눈빛
　알 수 없는 그곳이 제 안에 있다는 듯
　자꾸 나를 부추기는,

가벼운 신

코 날긋날긋
주름잡힌 헝겊 운동화
신발장에 있습니다
반질반질한 신사화며
두툼한 털신 발 편한 슬리퍼까지
이 손 저 손 집어가고
홀로 한 귀퉁이에 남아 있습니다

낡은 자전거에
키보다 높이 실은 간장 통들
시골 길 비척비척 밟으시던
우리 아버지
'가벼워서'
그것만 사오시던
난전의 납작한 헝겊 운동화

되짚어 가시는 길엔
종이신으로 갈아 신으셨습니다
바람 부는 길 눈비 오는 길

평교자로 가시는지
더 가벼운 종이신으로
바꿔 신고 가셨습니다

햇살 속에서

침묵을 쓸며 집안 깊숙이 들어선
한 자락 햇살이 아뜩하다
어느 구석에선가 풀려 나온
애진 기억 하나 아른아른 떠다니고
유리창 반쯤 막아선 커튼, 그늘진
탁자 위에 쌓인 책이며 원고지들은
시효 지난 계시처럼 생기를 잃었다
아파트 마당 난전으로
한겨울 추위가 희끗희끗 내려다보인다
녹슨 깡통 같은 차들이 부려놓은
서걱서걱 서리 내린 삶을
그 앞에서 시린 손 비비고 선 이들을
햇살이 정성껏 쓰다듬고 있다
마저 가릴 것인가, 흐트러진 집안
밖을 향하여 마저 열어놓을 것인가
아직 들여놓지 못한 조간신문은
복도에서 찬바람만 펄럭이고 있을 터인데,
햇살 속으로 몸 일으키면
햇살 속에서 먼저 일어서는

퍼어렇게 몸 키워 서는
저 그림자

소리치는 눈雪

눈들이 소리치네
어슬녘 창문을 두드리네 나를 부르네
성에 두터운 기억 입김으로 닦아 내다보는
외딴 초가집,
늦둥이 해산한 어머니의 서답이 쭈뼛쭈뼛 걸린 좁은 마당
눈들이 몸 부딪히며 들어서고 있네
부엌에선 열두 살 언니의 기침 소리 훌쩍이는 소리
생솔가지 연기처럼 밀려나오고
홀로 가는 심부름길, 밀어붙인 함석문이
꼬리 밟힌 강아지인 양 비명을 지르네
눈들이 소리치네
자폐의 문 열고 나오라네 다시 가보라 하네

기적소리 덮쳐오는 철둑 넘어
낯선 새떼처럼 바람이 휩쓰는 들을 지나
너른 시내 살얼음 설핏 물고 웅크린 징검돌
눈들이 앞 다투어 건너오고 있었네
돌아갈까 그냥 돌아갈까, 문득 소스라쳐 만나는
물 속의 조각달

눈빛 한쪽 파아랗게 번뜩이며 흘러갔었네
눈들이 자꾸 소리치네
그렁그렁 해 저문 길
마침내 외상국수 한관 바짝 끌어안고 돌아오던
유년의 그 길 어디쯤 잃은 것이 없는지
다녀오라 하네
방 안 자욱 어스름에 잠긴 나를 부르네

겨울나무

누구의 이야기인가,
공중 가득 풋내 같기도 꽃향기 같기도 한 눈송이들
기억 한 줄기 부르르, 가지를 탄다
속내도 상처도 다 말려놓고
한 구의 침묵으로 선 미라인 체하여도
손자국 붉은 통증,
온몸을 휘감아 두른 세월 어디쯤에서
금시 배어나올 것만 같다
왜 그리 움츠려야 했던가
모질게 떨어내야만 했던가
초록빛 향기롭던 노을빛 달아오르던
잎새들의 지절거림, 그도 실은
결 삭지 않는 아픔을 벗어놓으려는 몸부림이었다
숨가쁜 기도였다
나붓나붓 가지를 덮는 그리움의 결정結晶들
싸늘히 녹는다 서툰 위로처럼 가지를 적신다
머물 곳을 잃은 두려운 그림자는 또
홀로 길을 나섰는가
어느 숲가 햇살 아래 누웠는가

누더기 같은 세월 훨훨 풀어버리고
시린 상처를 핥는 꿈이 위태로운 마당귀

젖은 장작을 태우며

얼어붙은 가슴은 좀처럼 풀리지 않는다
던져 넣은 폐지며 나무부스러기 빈 우유팩들
하르르 살라지고 나면 그뿐,
불씨 한 톨 품기를 거부하고
연기처럼 맵찬 기억만 풀풀 떠올리고 있다
눈시울이 뜨거웁다
언제였던가,
나뭇짐 위에 한 아름 꺾어 얹은 진달래꽃처럼
발그라니 물든 걸음도 가벼이 언덕을 내려가던,
구불구불 한없이 이어진 길을 걸어
마침내 도달한 저잣거리는 이미 파장이었고
비틀비틀 되짊어지고 온 나뭇짐 마당가에 던져놓은,
그래, 그런 날이 있었지
눈비 속에 방치된 그날의 장작더미 같은,
함께 흔들릴 그림자도 없이
함석통 속 가슴 한 귀퉁이만 제 설움에 그을리고 있는
나의 사랑아,
마른번개 한두 획 그어보련,
붉은 그리움 활활 타는 꽃을 피워보련,

전신화상의 꿈을 맹렬히 부추기는
늦은 밤의 어리석음이여
어둠에 깊이 잠긴 발이 시리다

꿈꾸는 환승역
— 전철역 · 14

외길 따라 왔다
조금 전까지도 그곳이었던 이곳

담배를 찾아 불을 댕긴다
아득한 향내로 피어나는 것은
가슴 깊숙이 다져 넣은 말라 부스러진 그리움인가
팔이 무겁다 재를 떨어도 시선은 다시금 붉어지고
붉어진 시선으로 표지판 너머, 머언 그곳을 응시한다
그곳은 불치의 질병처럼 폐포 깊숙이 잠복한 의문일지 모른다
아니, 타르며 니코틴의 봉쇄를 뚫고 끌어들이는 한줄기 바람인지 모른다
아니, 헝클어진 생각을 풀어내는 의식儀式, 그 안에서 허공으로 띄워 올리는
적막의 성채일지 모른다
이정표들의 손가락질 선명한 손가락질은 늘 그곳을 가리키지만
도달하는 곳은
몇 갈래 길을 감추고 있는 환승역일 뿐

자기 자신일 뿐

 희푸른 환상을 걷어내고 나면 이곳도 적당히 헤맬 만할 것
이다
 그곳으로 가는 길은 다시 외길로 놓일 것이다

길 없음에 대하여

눈 속을 걷는다
머리 위로 눈들이 상장喪章처럼 날아와 앉는다
다 부르지 못한 몇 소절 음표들이 쓰러져 누운
가슴 한켠에도 하얀 나비처럼 날아와 앉는다
한때 배추꽃빛 무우꽃빛 향기로
이곳을 날던 나비떼!
어느 날엔가 흔적도 없이 사라져
지평선 너머를 아득히 바라보기도 했던
시선을 접고 지금은 말없이
눈 내리는 어둠 속을 걷고 있다
문득 뒤돌아서면
온몸으로 떠나보낸 그러나 어느새 뒤따라온
곧은, 비뚤어진, 뒤엉킨 발자국들의
외침, 흐느낌, 전율!
나비들의 무덤 같은 발자국 위로 눈이 쌓이고
쌓인 눈들이 수정의 불빛을 돋우어
섬칫한 혹은 막막한 어둠을 희석시키고 있다
눈 위로 발자국들 다시 남겨진다
발자국 위로 눈이 다시 쌓인다

쓰러져 누운 가슴속 음표들이
나비로 깨어 일어선다

■ 해설 ■

결핍과 부재를 치유하는 연민의 노래

임보(시인)

　시인은 지상의 어떤 사람들보다 이상주의자라고 할 수 있다. 이상주의자란 현실에 만족하지 못하여 이를 벗어나고자 하는 꿈을 가진 이들이다. 말하자면 시인은 현실과 궁합이 맞지 않은 사람들이다. 그런데 그 현실을 벗어나는 일이 쉽지 않으므로 시인은 갈등을 겪게 된다. 그 갈등이 고독을 빚는다. 그 고독이 시를 만들어 내는 자양소가 된다.
　김은규의 시집 《어둘 무렵이면 내가 보인다》를 읽으면서도 그런 갈등 곧 세상과 불화의 관계에 있는 화자를 많이 만날 수 있었다. 화자의 시선은 밝음보다는 어두움에, 순경보다는 역경에, 충만보다는 궁핍에 즐겨 닿는다. 말하자면 김은규의 시는 역경에 처해 있는 생명에 대한 연민, 부재한 사랑에 대한 그리움, 그리고 이러한 역경과 궁핍으로부터 해방되고자 하는 꿈의 노래들로 요약될 수 있다.

1. 역경 속의 생명에 대한 연민

역경 속에 처해 있는 안타까운 존재들에 대한 연민의 정을 노래한 몇 작품들을 우선 보기로 한다.

> 영원과 허무가 간음하여 낳은,
> 붙박인 무명無明의 길목에서
> 빛 낡은 화두로 버티고 있는,
> 달빛 들이치는 밤이면
> 환각지인 양 거세된 뿌리 어디쯤
> 새움 틔우는 소리
> 들리는 듯 귀 세워보는,
> 제 이름이며 꽃말
> 마저 잊지 않으려
> 희미한 기억을 바스락거려보는,
> ─ 〈드라이플라워〉 부분

'드라이플라워'는 꽃이라는 생명체로부터 수분을 완전히 제거하여 굳힌 것이니 꽃의 '박제', 꽃의 '미라'라고 할 수 있다. 꽃의 아름다움을 오래 두고 향락하고자 하는 인간의 간교한 욕망이 빚어낸 산물이다. 꽃의 입장에서 본다면 얼마나 처절한 극형을 당한 셈인가. 육신의 하단부가 잘린 채 그의 고토故土인 지상의 흙으로부터 격리된 상태로 허공에 매달려 있으니 말이다. 그 드라이플라워가 달빛 들이치는 고요한 밤이면 지난날의 향수에 젖는다. 뿌리에 움트는 소리를 환각으로 듣기도 하고, 자신의 이름과 꽃말을 잊지 않으려고 바스락거려 보기도 한다.

이 작품은 드라이플라워를 통해 인생의 존재 양상을 드러내고 있다. 화자는 작품의 말미에서 '수의빛 칠삭둥이 —인생'이라고 이를 암시한다. 오늘의 현대인들 역시 그의 본성을 상실한 채 거의 죽은 것이나 마찬가지로 불완전하게 살아간다. 규범과 제도, 이념과 폭력들에 착취당하면서 근근이 연명해 가는 현대인의 불행한 모습을 화자는 드라이플라워를 통해 고발하고 있는 것이다.

> 지구의 무게인 양 등껍질 짊어진 채
> 제 발자국 짚고 또 짚으며 가파르게 돌아가는
> 어질머리
> 초록빛 물이끼를 향한 한입꺼리 꿈은 집요하다
> —〈항아리 뚜껑 속의 우주〉 부분

〈항아리 뚜껑 속의 우주〉는 우렁이를 그린 작품이다. 딱딱하고 무거운 외피를 등에 업고 살아가는 우렁이는 마치 형틀을 목에 건 수인처럼 괴로워 보인다. 천형의 죄수 같아 안타깝기 그지없다. 게다가 작품 속의 우렁이는 작은 항아리 뚜껑 속에 갇혀 있는 형편이다.

인간들도 우렁이 못지않게 무거운 짐을 지고 고달프게 살아간다. 자신뿐만이 아니라 가족이나 소속 집단에 대한 책임과 의무의 버거운 짐을 지고 비틀거리며 살아간다. 그것도 항아리뚜껑 속 같은 '일상'이라는 작은 테두리 속에서 말이다. 화자는 갇힌 우렁이를 통해 고달픈 현대인의 생존 양상을 보고 있다.

> 어느새 틔웠느냐
> 나팔꽃 잎새 한 쌍,
> 지난겨울 귀 깨진 화분 마르고 갑갑한 잠 한 귀퉁이에
> 고단한 꿈 접어 내리더니
> 베란다 창살 너머 겹겹 빌딩 사이
> 하늘 향해 안테나인 양 펼치고 있어라
> ― 〈너도 그곳이 그립더냐〉 부분

〈너도 그곳이 그립더냐〉의 '너'는 나팔꽃이다. 아파트 베란다에 버려둔 깨진 화분 속에서 봄이라고 돋아난 한 쌍의 나팔꽃 잎새가 하늘을 향해 안테나인 양 뻗어가는 모습을 보면서 화자는 연민에 젖는다. 햇볕과 공기를 마음껏 마시면서 저 야생의 들녘에서 자유롭게 자라야 할 생명체가 콘크리트 건물 속 작은 화분 속에 갇혀 있는 것이 안타깝기만 하다. 그래서 ·저 자유의 바깥세상 '그곳'이 그리워 넝쿨을 뻗느냐고 묻는다.

아파트 창틀 속에 갇혀 사는 도시인들 역시 베란다의 화

분 속에 돋아난 식물이나 다를 바가 없다. 대자연으로부터 격리된 채 제도와 인습의 울타리 속에 갇혀 겨우 직장과 숙소를 오고가는 제한된 공간 속에서 살아가고 있지 않은가.

2. 부재의 사랑에 대한 안타까움

한편 사랑을 노래한 작품들이 적지 않다. 그리움과 연모의 정을 담은 작품들은 〈침묵의 숲가에서〉의 연작 1,2를 비롯하여, 〈사랑〉, 〈감출 수 없습니다〉, 〈어둘 무렵이면 내가 보인다〉, 〈비 온 뒤〉, 〈귀가 길〉, 〈어디쯤을 떠도는〉등 10여 편에 달한다. 그런데 그 '사랑'의 대상은 화자와 격리되어 있는 다른 공간에 '부재의 상태'로 설정된다.

> 발그레 달뜬 바람이 일러줍디다
> 그대의 뜰에 모란이 피었다고
> 그대가 꽃물 든 편지지에 내 이름을 쓰더라고
> 향기 붉은 모란꽃 그늘 아래
> 술상을 차리더라고
> 바람이 속살속살 일러주고 갑디다
> 눈썹을 다듬고 입술을 그렸습니다만
> 길을 살피며
> 문 밖의 발소리 가늠하며
> 나는 자꾸 거울을 들여다보았습니다만
> ― 〈감출 수 없습니다〉 부분

'그대'는 지금 그대의 뜰에 피어나는 모란꽃 그늘 아래 술상을 차리고 꽃물 든 편지지에 내 이름을 쓰더라고 바람이 일러준다. 화자는 거울 앞에서 얼굴을 매만지며 길을 살피고 문 밖의 발소리에 귀를 기울인다. 그러나 그대와의 만남은 이루어지지 않는다. 부재의 사랑인 '그대'는 특정 인물일 수도 있고, 종교적인 대상일 수도 있고, 꿈꾸는 이상일 수도 있다. 어떻든 그것은 화자의 손에 잡히지 않은, 성취 불가능한 안타까운 존재인 것이다.

> 촛불이 펄럭인다 너의 무거운 숨결인 양
> 바람이 슬몃 휘돌아간다, 그래 사실
> 나는 너를 기다렸던 것이다
> 해질 무렵이면 한 자루 초인 양 창가에 붙박여
> 진종일 굳어있던 기다림을 녹여 태우곤 했던 것이다
> 그렁그렁 밤도 깊으면 촛불은 꺼지리라
> 네 눈길인 양 아련한 연기마저 잦아들고
> 너의 기척 사라진 유리창 이편에서
> 나는 다시 키워야 하리라
> 해질 무렵 창가에 홀로 세워둘
> 내일 하루어치의 단단한 절망을,
> ―〈어둘 무렵이면 내가 보인다〉 부분

화자는 자신을 한 자루의 촛불로 표상한다. 자신의 몸을 태워 불을 밝히는 촛불은 온종일 기다림으로 애를 태우며 창가에 붙박여 있는 화자다. 그 촛불은 밤이 깊으면 꺼질 것이지만 내일 밤이면 다시 켜질 것이다. 내가 다시 키운 하루치의 단단한 절망을 태우기 위해서는 말이다. 내일이 와도 '그'와의 해후邂逅는 운명적으로 이루어질 수 없음을 화자는 이미 알고 있다. 그러니 '그'는 기다림의 대상 곧 실현될 수 없는 꿈으로만 존재한다. 부재의 그, 손에 잡히지 않은 그, 이것이 화자의 사랑이며 이상이다. 이것이 또한 실현될 수 없는 꿈을 안고 사는 시인의 비극이기도 한 것이다.

> 지난 밤 멀리멀리 갔더랬지요
> 그대는 아시지요
> 나 가진 것 마음 하나뿐임을, 달빛에 녹고
> 바람이 삭여낸 허술한 마음 하나뿐임을 아시지요
> 멀리멀리 꿈속까지 걸어간 밤이면, 기인 밤 내내
> 그늘진 힘은 중심으로 중심으로 뿌리를 내리고
> 가슴으로 허리로 감아 도는 허무의 덩굴손
> 뼛속 깊이 파고드는 죽음의 서리, 그대여
> ― 〈사랑〉 부분

아무리 다가가지만, 꿈속까지 긴 밤 내내 달빛에 녹으며 다가가지만 가슴과 허리를 허무의 손이 감고 돈다. 그대는 차라리 뼛속 깊이 파고드는 서리처럼 매서운 죽음이라고 사랑의 고통을 토로한다. 손에 잡히지 않는 그, 성취 불가능의 그를 인식하면서 화자는 절망한다. 감미로워야 할 '사랑'이 뼛속을 파고드는 죽음의 이미지로 다가온다.

3. 결핍 지향의 이미지

앞에서 지적한 것처럼 김은규 시인이 자리잡고 있는 토양은 '역경'이며 그가 꿈꾸는 사랑은 성취할 수 없는 '부재'의 상태라고 진단할 수 있다. 역경과 부재 — 이는 곧 '결핍'으로 집약된다. 김은규의 무의식은 결핍 지향의 성향을 지니고 있는 것처럼 보이기도 한다. 그래서 그는 낮보다는 달밤을 좋아하고, 또한 만월보다는 반월을 즐겨 노래한다.

> 구름 뒤에서 빠져나와
> 불면의 대양을 건너는 달
> 제 몸 반쪽을 깊은 그늘인 양 등에 진
> 달의 눈빛이 아득히 맑다
> — 〈비 온 뒤〉 부분

그늘에 묻힌 제 몸의 반쪽을 등에 지고 구름 속을 빠져나와 대양을 건너고 있는 고독한 반월의 눈빛이 맑다고 노래한다. 그 반월이야말로 세상과 어울리지 못하고 홀로 밤길을 가듯 외롭게 걸어가는 고고한 시인 자신의 모습이기도 하다.

미친년 혼자 밤을 가네
　　어둠에 겯은 마음 허공 가득 끌어안고

　　누굴 찾는 것일까,
　　은빛 요기 희뜩이는 저 눈초리

　　황톳길 깊은 발자국
　　등 돌려 이미 가고 없는데
　　— 〈그믐달〉 전문

 외로운 마음 가득 안고 홀로 밤길을 가는 조각달을 '미친 년'이라고 부른다. 이 깊은 밤에 누굴 찾아간단 말인가. 황톳길 위에 깊은 발자국 남기며 그는 이미 등 돌려 떠나고 없는데 그를 찾아가는 것이 미친 짓이란 것이다. 역시 부재의 그를 추구하는 자신의 허무의 몸짓을 달에 투영시킨 것이다. 그러나 '은빛 요기 희뜩이는 저 눈초리'에는 허무를 제압하고자 하는 시인의 자존과 오기가 섬뜩하게 서려 있음을 느끼게도 한다. 단시이지만 〈그믐달〉은 김은규의 시세계를 끌어올리는 절창의 하나로 평가할 수 있다.

4. 탈출의 꿈

 화자는 자신이 처해 있는 역경과 결핍의 운명으로부터 벗어나고자 하는 꿈을 간직하고 있다. 그런 탈출에의 욕망을 지닌 꿈을 다음의 작품들에서 확인할 수 있다.

> 벗어나고 싶은가보다
> 이 우물 속 같은 곳을 벗어나, 저 또한
> 낮달 푸른 하늘을 눈물나게 한번 날고 싶은가보다
> 새도 아니고 나비도 아닌 것이
> 바람도 풍선도 아닌 것이
> 몸 부풀려 벽이라도 까마득히 타 오를 기세다
> ― 〈하늘을 나는 비닐봉지〉 부분

 비닐봉지는 무엇인가? 내용은 없고 표피만 있는, 운명적으로 타의에 의해 무엇인가를 그의 몸속에 담고 지상에 주저앉아 있어야 하는 존재다. 타자의 폭력에 의해 일상 속에 감금되어 있는 인간 실존의 허상과 다를 바 없다. 새처럼 푸른 하늘을 날아보고 싶어 하는 비닐봉지의 욕망은 바로 주어진 운명의 굴레로부터 벗어나고자 하는 화자의 탈출 의식의 표상이라고 할 수 있다.

> 큰비 지나 하늘 문득 마알간 샛강에
> 뿌리 뽑혀 누운 나무 한 그루
> 햇살이 그 마지막 숨결을 덮어주고 있다
> 바람이 손 잡아주고 있다
> 머다란 하늘로 나비치며 오르는 꿈

나무는 두근두근 놓을 수 없는지
　우듬지로 끌어 올리는
　잎새들 작고 푸른 북소리
　허공을 울리고 있다 여리게 여리게
　　— 〈어느 개인 날〉 부분

　폭우에 뿌리 뽑혀 누워있는 나무가 햇살을 받으면서 하늘로 나비처럼 오르는 꿈을 꾼다. 우듬지에 매달린 잎새들이 마치 북을 울리듯 흔들리면서 나무를 끌어올리고 있다. 처절한 비상에의 몸부림이 아닐 수 없다.

　떠나라 박쥐여
　공중을 선회하는 햇빛의 퍼득이는 비웃음을 뚫고
　날아가라, 높이, 멀리,
　맞바람에 너의 섬세한 날개가 찢겨질 때까지
　보름달이 전설로 뜨는 곳을 향하여 날아가라
　신이 몰래 남겨둔 동굴 하나
　그쯤 어디에
　묵묵한 사랑처럼 깊어가고 있지 않을까 박쥐여
　　— 〈길 잃은 박쥐〉 부분

　길을 잃고 도시의 다리 아래 잘못 찾아든 박쥐를 향해 부르짖는 절규다. 신이 마련해 둔 동굴 — 곧 박쥐의 본향을 찾아 어서 높이 멀리 날아가라고 소리친다. 시인은 그가 깃든 이 지상을 이방이라고 본다. 자신의 본향은 저 어딘가에 있는데 그 유토피아를 잃고 잘못 유배되어온 것이라고 생각한다. 이 작품에서의 '박쥐'는 이 지상에 잘못 떨어진 시인 자신의 모습 그 자체다. 그러니 현실을 벗어나고자 하는 자신을 향한 절규라고 할 수 있다.

5. 마무리

나는 이 시집 속에 수록된 김은규의 작품들을 역경 속의 시련, 부재의 사랑을 결핍 지향의 의식이라고 진단했고, 한편 이러한 결핍들로부터 벗어나고자 하는 꿈의 노래들로 읽었다. 앞으로 씌어질 그의 시들은 결핍을 극복하고 풍요와 밝음의 세상으로 그를 반전시킬 것으로 기대된다. 다음의 작품 〈반전〉이 그의 밝은 미래를 예감케 한다. 문운을 빌어 마지않는다.

아파트 이지러진 마당귀
저 굽은 허리 까칠한 잎새의
늙은 나무
뿌리 끝에 매달린
땅 덩어리
가까스로 추스르며 서 있더니
바람 세찬 오늘

풀빛 향기,
자욱이 틀어 올리고 있다
가지마다 불끈,
하늘을 거머쥐고
용틀임하고 있다
아파트 빛 낡은 지붕 위로
신의 갈채인 양 밀려오는
흰 구름 떼,
— 〈반전〉 전문

우리글시선 23
어둘 무렵이면 내가 보인다

펴낸날 | 2006년 1월 19일 • 1판 1쇄

지은이 | 김은규
펴낸이 | 김소양 • 편집 | 이윤희

펴낸곳 | 도서출판 우리글 • 전화 | 02-521-6922 • 팩스 | 02-521-6923
주소 | 서울시 서초구 서초 2동 1337-2 현대골든텔 519호
이메일 | wrigle@hanmail.net • 홈페이지 | http://www.wrigle.com
출판등록 | 1998년 6월 3일 제03-01074호

ⓒ 도서출판 우리글 2005
Printed in Seoul, Korea

ISBN 89-89376-47-5 04810 • 89-89376-20-3 (세트)

* 잘못된 책은 바꾸어 드립니다.
* 책값은 뒤표지에 있습니다.